PUBLICATION DE LA RÉUNION DES OFFICIERS
(Extrait du *Bulletin*)

LE ROLE DES CAMPS RETRANCHÉS MODERNES DANS LES GUERRES FUTURES

JUGÉ PAR LEURS ADVERSAIRES

Extrait des *Mittheilungen über des artillerie und genie Wesen*

traduit par

J. BORNECQUE
CAPITAINE AU 1er RÉGIMENT DU GÉNIE

PARIS
IMPRIMERIE MILITAIRE DE J. DUMAINE
LIBRAIRE-ÉDITEUR
RUE ET PASSAGE DAUPHINE, 30

1878

LE ROLE

DES

CAMPS RETRANCHÉS

MODERNES

1039 — PARIS. IMPRIMERIE LALOUX Fils et GUILLOT
7, rue des Canettes, 7

PUBLICATION DE LA RÉUNION DES OFFICIERS

(Extrait du *Bulletin*)

LE ROLE

DES

CAMPS RETRANCHÉS

MODERNES

DANS LES GUERRES FUTURES

JUGÉ PAR LEURS ADVERSAIRES

Extrait des *Mittheilungen über des artillerie und genie Wesen*

traduit par

J. BORNECQUE

CAPITAINE AU 1er RÉGIMENT DU GÉNIE

PARIS

IMPRIMERIE MILITAIRE DE J. DUMAINE

LIBRAIRE-ÉDITEUR

RUE ET PASSAGE DAUPHINE, 30

—

1878

AVANT-PROPOS

Comme l'on sait, les camps retranchés permanents, destinés à servir de pivots d'opération ou de lieux de refuge aux armées en campagne, sont d'institution moderne. A ce titre, ils n'ont pas encore réellement fait leurs preuves, et l'auteur de l'étude que nous avons empruntée aux *Mittheilungen* se propose précisément de prouver que l'on s'est trop hâté, dans ces dernières années, de prendre le camp retranché comme le type absolu de toutes les places fortes à exécuter.

Il nous a paru utile de reproduire cet article, parce qu'on y trouve la discussion des débats auxquels ont donné lieu les fortifications françaises au sein de l'Assemblée nationale. De plus, sans admettre d'une manière absolue les opinions qui y sont exprimées, ce travail renferme, à notre avis, des éléments précieux pour la discussion générale que soulève la question des camps retranchés, discussion qui est loin d'être close.

(*Le traducteur.*)

[illegible]

LE ROLE

DES

CAMPS RETRANCHÉS

MODERNES

L'exécution, tant en Allemagne qu'en France et même partiellement en Italie, des travaux de fortification entrepris d'après les principes adoptés actuellement, comprend un ensemble si considérable d'ouvrages permanents, que l'on est bien forcé d'admettre qu'après leur achèvement, les opinions actuellement dominantes en matière de fortification, reproduites simultanément en pierre et en terre, passeront à la postérité comme l'expression des types adoptés dans les quatre-vingts premières années de notre siècle. C'est ainsi que, transmettant aux siècles futurs l'empreinte caractéristique de notre époque, ces ouvrages *laisseront croire à des idées parfaitement arrêtées dans l'art de la fortification, alors qu'à nos yeux ils portent, sous plus d'un rapport, la marque des tâtonnements d'une époque de complète transition*. En partant de ce point de vue, on arrive naturellement à se poser les questions suivantes :

La période de transition approche-t-elle de sa fin naturelle? Les types actuellement admis pourront-ils convenir dans ce cas? Comment les types si nombreux mis à exécution pourront-ils satisfaire aux conditions des guerres futures ?

Un examen approfondi de ces questions essentielles, qui renferment à proprement dire le problème entier de la *meilleure fortification*, ne peut amener de solution, ou tout au plus qu'une solution incomplète ; nous ne chercherons même pas à l'essayer dans ces lignes. Nous avons ici simplement pour but de poser, d'une manière tout aphoristique, les considérations qui ont fait prévaloir les principes admis dans l'art de la fortification moderne et aussi, suivant la maxime *audiatur et altera pars* (écouter les deux parties), de permettre aux officiers de juger avec connaissance de cause, en leur soumettant les éléments du débat.

On a mainte fois répété et imprimé que le temps des places fermées, surtout des petites, est passé ; les camps retranchés, les têtes de pont et les places d'arrêt sont proclamés universellement les trois types qui ont surgi de la fermentation d'une époque de transition ayant duré de longues années. En ce qui concerne les deux dernières espèces de fortifications, il y a lieu de remarquer que d'après leur nature et leur destination, elles ont toujours existé et elles existeront toujours. *Le passage* doit être assuré et il ne faut pas que l'ennemi puisse utiliser *le défilé*. Il convient d'ailleurs de tenir compte des prescriptions des temps modernes dans la forme de l'exécution de ces fortifications ; *mais il n'existe dans ce cas aucune variation de principes*. Il en est tout autrement de l'adoption du camp retranché comme type général de *toutes les grandes places fortes*. Il s'agit là non pas d'une simple modification de forme, *mais essentiellement d'une modification importante des principes militaires*.

Les grandes places fortes du passé formaient des *points d'appui* pour les opérations ; des corps d'armées battues pouvaient exceptionnellement s'enfermer dans ces places, mais normalement le campement des troupes mobiles se trouvait près de la place, sous la protection de cette dernière, et non à l'intérieur. Les camps retranchés modernes sont, au contraire, destinés à servir *de places de ravitaillement* pour des armées entières. La transition entre ces deux manières fut progressive. Les premières tendances s'efforcèrent de doter toute grande place forte d'un grand camp retranché placé autour d'elle, mais sous sa protection. On pourrait citer encore aujourd'hui de nombreux exemples de cette organisation. Dans ce cas, les ouvrages détachés avaient pour but de protéger l'espace servant au campement des troupes ; la place elle-même, avec son enceinte fermée, restait l'affaire principale : pourtant, d'une part, la confiance croissante dans la valeur de la fortification formée d'ouvrages isolés, mais se soutenant réciproquement ; d'autre part, les considérations économiques invoquées contre la construction d'enceintes colossales ; en dernier lieu enfin, les perfectionnements de l'artillerie, furent les motifs concordants qui amenèrent peu à peu à placer la résistance principale dans le *front avancé*, dans la ceinture des ouvrages formant le camp, tandis qu'en même temps l'importance de l'enceinte intérieure diminuait de plus en plus.

Comme conséquence rigoureuse, nous voyons le camp retranché devenir la forteresse proprement dite, c'est-à-dire que l'affectation de la place au campement de l'armée passe *en première ligne*, tandis que la conservation de la position comme point d'appui pour les opérations ne vient qu'en second lieu.

C'est ainsi que le changement précédemment mentionné dans l'affectation des places est devenu radical ; un nouveau principe a surgi et est, en général, mis en pratique.

Toutefois ce principe n'a pas encore fait réellement ses preuves.

La nouvelle façon de procéder est-elle justifiée ? Elle paraît être en contradiction avec les événements qui se sont produits après la guerre de 1870-71 et qui, par conséquent, s'appuient sur l'expérience de cette guerre. Partout on donne invariablement le type du camp retranché aux places fortes les plus importantes que l'on exécute, ce qui fait supposer que ce type a fait victorieusement ses preuves dans la dernière guerre. Or, si l'on admettait que ces preuves se sont manifestées effectivement en quantité suffisante pour justifier cet emploi absolu et sans distinction d'un type déterminé pour de si nombreuses grandes places, il en résulterait que *la période de transition a trouvé son expression finale*, et que les systèmes considérables de fortification existant actuellement *doivent se montrer largement suffisants dans les guerres futures*, naturellement en faisant abstraction des transformations qui se produiront dans l'intervalle dans l'art militaire.

Jetons un coup d'œil rétrospectif sur les événements de la dernière campagne, pour rechercher sur quelle base s'appuient ces conclusions. *Paris*, *Metz*, *Belfort* sont les trois seuls noms qu'il convient de faire entrer en ligne de compte à ce sujet. La capitale, qui arriva, à l'aide de ses seules ressources, à créer un armement nouveau, de nouvelles fortifications et de nouvelles armées, mauvaises sous le rapport de la qualité, la capitale, disons-nous, ne réunissait pas les conditions convenables pour servir d'exemple probant sur le degré de résistance que pourraient faire d'autres places.

Le siége de *Paris* a démontré surtout deux choses :

1° Que, en arrivant à pousser la fortification de grandes places de ce genre à un point plus élevé encore qu'on n'avait pu le faire pour Paris alors, *la somme des ressources* nécessaires pour attaquer une telle place dépasse les limites admises ; *la force* de la place consiste, ainsi qu'on a pu le constater jusqu'à un certain point en 1870, *en ce qu'elle ne peut pas être soumise à une attaque en règle.*

2° Que les combats des défenseurs contre les positions enveloppantes de l'assiégeant ne peuvent être couronnés de succès lorsqu'ils sont entrepris avec des troupes faibles et insuffisamment disciplinées. L'antique expérience, toujours méconnue, que la guerre de siége est la plus difficile et qu'elle exige par suite les *meilleures troupes*, fut dans ce cas justifiée une fois de plus.

L'épisode de *Metz* complète cette leçon, en prouvant que même les meilleures troupes ne suffisent pas toujours pour sortir victorieux de ce combat difficile, mais qu'il est indispensable en outre qu'elles soient *bien dirigées* (1). Il n'y a rien à ajouter en ce qui concerne Metz, sinon que c'était un camp retranché très-défectueux ; la conclusion à en tirer, c'est qu'il faut absolument chercher à éviter, dans la fortification des places de ce genre, les défauts signalés, si l'on veut éviter son sort. En tout cas, il n'est guère possible d'affirmer que *cette place a fait ses preuves comme camp retranché* (2).

Il ne reste donc que *Belfort*, l'unique place française qu'une défense énergique et intelligente sut soustraire au sort des autres forteresses attaquées, l'unique place dans laquelle les deux moyens de défense les plus modernes — la défense extérieure active et le tir indirect — trouvèrent une application mémorable. Toutefois il convient de ne pas attribuer le brillant résultat du siége de Belfort uniquement au mérite du défenseur, mais en grande partie à la faiblesse et aux fautes de l'assiégeant. Un point cependant ne peut être

(1) Nous insistons très-fort sur ces expériences négatives, sur lesquelles nous nous appuierons plus tard pour réfuter cette phrase favorite moderne : faire reprendre l'offensive à des armées battues, après qu'elles se sont réorganisées dans un camp retranché.

(2) Il importe ici de ne pas dénaturer notre pensée. Nous sommes loin de méconnaître les services que la forteresse de Metz a rendus ; il n'y a évidemment pas lieu de reprocher à cette dernière la faute que l'on commit en y enfermant une armée qui resta oisive et consomma les vivres de la place, ce qui amena la capitulation de l'une et de l'autre. Mais la place s'est très-mal comportée comme camp retranché, et tout au moins elle ne peut fournir aucun argument en faveur de l'excellence de ce type.

nié : en examinant parmi les siéges de la guerre de 1870-71 quels sont, au point de vue de la défense, les méthodes qui ont été couronnées de succès et par qui elles ont été appliquées, on est obligé de se reporter au commandant de Belfort et à son système de défense.

Mais Belfort n'était pas un camp retranché dans le sens des grandes places actuelles ; donc, si Belfort s'est bien défendu, on peut tout au plus se prononcer en faveur de la tactique suivie et de l'énergie déployée par le défenseur, mais non en tirer un argument judicieux en faveur de la valeur du type des camps retranchés. Belfort ne pouvait pas recevoir une armée pour s'y réorganiser ; au contraire, le colonel Denfert fit évacuer plusieurs corps de troupes isolés, qu'il aurait pu facilement attirer à lui, mais qu'il préféra laisser rejoindre excentriquement les corps d'armée qui se formaient dans l'intérieur du pays. Mais si Belfort même ne peut pas nous donner la solution de la manière dont les camps retranchés étendus se comporteront dans *l'avenir, il n'en revient pas moins à son défenseur le mérite d'avoir*, par les principes qu'il a expérimentés, attiré l'attention qu'elles méritent sur les meilleures conditions que doit remplir une résistance énergique.

On sait que cet officier du génie fit une description excessivement intéressante de ses vues à ce sujet, à l'occasion des débats qui eurent lieu à l'Assemblée nationale, sur le projet de loi ayant trait aux nouvelles fortifications de la France. Les premiers de ces débats eurent lieu les 26 et 27 mars 1874, au sujet de la loi des fortifications de Paris; les seconds le 17 juillet 1874, à propos de la loi sur la fortification des frontières de l'Est. Les premiers, réunis au texte du projet de la loi, à l'exposé des motifs et au texte définitif de la loi, ont été reproduits dans une brochure (1) livrée à la publi-

(1) *Les Nouveaux forts de Paris*, 1874. Paris, librairie des Publications législatives.

cité ; les débats sur la fortification des frontières de l'Est ne se trouvent, à notre connaissance, dans leur teneur intégrale, que dans la collection du *Moniteur universel* de l'époque (1).

En ce qui concerne le premier point, il y a lieu de remarquer que le discours d'opposition, un peu prolixe, il faut en convenir, prononcé par l'homme d'État auquel revient le mérite considérable de la création des fortifications de Paris en 1840, M. Thiers, concentra alors sur lui toute l'attention de l'opinion publique, et que, par suite, la plus grande partie des lecteurs prit à peine connaissance des autres discours, quelquefois très-compétents, qui combattaient le projet proposé. Les discours de toute espèce prononcés à l'occasion de la fortification des frontières de l'Est, et qui ne sont recueillis que dans le *Moniteur*, sont encore moins connus en général.

Il n'est jamais facile de ne pas tenir compte des opinions exprimées par l'opposition, et lors même qu'on ne les écoute pas, il ne faut les condamner que lorsqu'un courant général irrésistible s'est emparé de l'opinion et s'est prononcé dans un sens bien précis. Ce courant général s'est certainement produit actuellement en ce qui concerne la fortification d'après le type du camp retranché.

Il est équitable d'écouter et de prouver ce que l'opposition mesquine, venant des spécialistes, a fait valoir contre cette tendance.

Les adversaires de ce nouveau système ne songent pas à trouver mauvais que, pour la sécurité de l'intérieur d'une place, on ait poussé au loin dans la campagne les ouvrages de la fortification à établir; mais on a oublié à ce sujet de parler de la nécessité, qui rend si plausible l'emploi du type de camp retranché aux yeux des spécialistes et des profanes,

(1) Numéro du 18 juillet 1874, compte rendu, etc.

de recevoir des armées pour les réorganiser et leur permettre de reprendre l'offensive en dehors de ces places. Cette idée, qui est devenue peu à peu la chose principale, était préconçue et a été introduite en même temps presque subrepticement.

Le système complet se ressent de cet inconvénient et, ainsi qu'il y a lieu de le craindre, peut faire reposer sur une base trompeuse et dangereuse les projets et les plans de l'état-major pour les opérations futures, tandis que la place elle-même verra sa force de résistance amoindrie.

Ce n'est donc pas précisément en faveur des enceintes fermées et contre la fortification de la campagne extérieure au moyen d'ouvrages avancés au loin, que les opposants se sont prononcés ; *mais c'est contre le principe de ce système poussé trop loin*, en prédisant que son application à des places nombreuses ne peut manquer d'avoir des conséquences désastreuses, aussi bien pour les opérations défensives que pour la durée de la résistance de la place. En reproduisant ces explications sur les raisons alléguées par l'opposition nous ne voulons pas non plus passer sous silence, dans l'intérêt de la vérité, que malheureusement des motifs politiques exercèrent, en France, une influence considérable sur la discussion spéciale.

Nous posons tout d'abord ces explications pour être à même de faire valoir, aussi impartialement que possible, la valeur des arguments présentés contre l'opinion dominante en matière de fortification, et ensuite dans l'hypothèse que *plus d'un lecteur restera indécis* et ne sera pas dégagé de tout doute en ce qui concerne les théories admises sur la valeur et le rôle des grands camps retranchés à l'avenir; nous nous proposons de citer de longs extraits des discours prononcés par le colonel Denfert et d'autres orateurs.

Nous nous occuperons d'abord des débats qui eurent lieu au sein de l'Assemblée nationale, sur les fortifications de Paris (séance du 26 mars 1874).

La minorité de la commission de l'armée, à la tête desquels se trouvait son président, *M. Jules de Lasteyrie*, s'était prononcée pour un projet de fortification de proportions plus restreintes que celles du projet du gouvernement, actuellement en voie d'exécution ; les partisans du projet réduit considéraient *la protection de la ville contre un bombardement* comme la condition suffisante de la distance des ouvrages détachés. Les partisans du projet étendu se proposaient comme but *de rendre impossible l'investissement complet de la place*. L'Assemblée se montrait aussi partagée entre ces deux tendances ; l'opposition (la gauche) était pour la solution modérée de la question ; la plus grande partie du centre et la droite votèrent pour le projet du gouvernement.

Abstraction faite de la démonstration donnée par le général Changarnier, *la proposition de fortifier d'une manière générale Paris sur de nouvelles bases ne souleva pas la plus légère opposition dans toute l'Assemblée de ce grand pays, dans le sein de laquelle se trouvaient pourtant les députés de cette capitale si cruellement éprouvée et si rigoureusement pressurée par les derniers sièges* (1). Le général Changarnier, qui s'est acquis jadis une certaine célébrité, prononça quelques belles phrases patriotiques, dans lesquelles il se déclara pénétré de la plus entière confiance dans l'avenir des armées françaises, auxquelles il faut enseigner non pas à se blottir derrière des retranchements, mais à se battre en rase campagne (ce qui ne fait doute pour personne), et opposé à toute espèce de projet de fortification, étendu ou restreint. Son discours fut couvert des applaudissements qui ne font jamais défaut à de tels sentiments patriotiques (ce qui n'empêcha pas les applaudisseurs de voter pour le projet de fortification étendu).

(1) L'auteur en soulignant ce passage, a voulu faire allusion aux raisons données par les députés de Vienne pour s'opposer à la fortification de cette capitale. (*Note du trad.*)

Nous insisterons à dessein quelque peu sur cet incident; l'utilité de pareils exemples est trop frappante. Il ne manque pas non plus en Autriche de théoriciens qui méconnaissent complétement la valeur de la fortification, et qui tirent d'événements tels que le siége de Paris les conclusions précisément opposées à celles que les acteurs du drame lui-même en ont tirées, d'après leur expérience chèrement payée, et au prix de leur sang. En conséquence, n'est-il pas honteux pour nous que, depuis 1871, on considère en Autriche, comme un argument nouveau et décisif contre *la protection de la capitale* de l'empire, le malheur inouï que la présence de la fortification a attiré sur la brillante capitale de la France, alors qu'il ne s'éleva pour ainsi dire aucune voix dans le Parlement français, ni même dans la nation, pour tirer de ce désastre une autre conséquence que celle-ci : *Fortifier encore davantage la capitale de la France.*

La capitale d'un pays, lorsqu'elle est en même temps, comme c'est généralement le cas, le principal objectif stratégique de l'ennemi et qu'elle forme le point central naturel de la défense de l'empire, rentre indispensablement dans cette catégorie des grands camps retranchés, pour lesquels on ne peut pas admettre un dénûment complet de forces défensives mobiles. Le cas de l'absence presque absolue de toutes troupes régulières, en présence d'une attaque de l'ennemi contre une place centrale, ne se représentera certainement plus, parce qu'à l'avenir on ne manquera évidemment pas de se prémunir contre l'inconvénient actuellement reconnu de la *faiblesse que présentent les grands camps retranchés qui manquent de troupes offensives.*

Si l'on admet d'après cela que l'emploi du nouveau principe de fortification, c'est-à-dire la création de grands camps retranchés, est complétement justifié en général, à notre avis, il ne peut pas l'être davantage que pour la place centrale du système défensif d'un État.

Au point de vue des principes, et peut être de l'intérêt de son parti, le colonel Denfert crut nécessaire ou opportun de combattre cette disposition, même dans les débats sur les nouvelles fortifications de Paris ; nous le regrettons, parce que le fait d'avoir été avec l'opposition dans *cette question*, nous paraît enlever toute valeur à la critique faite et à l'autorité des principes émis par Denfert et suggérés par son expérience. Nous trouverons plus tard l'occasion d'expliquer quelle différence doit exister dans l'emploi de ces principes, suivant la destination et la position des places fortes ; ici nous voulons simplement indiquer que nous n'adoptons pas nécessairement tous les aperçus du défenseur de Belfort, et surtout qu'au point de vue de la question des fortifications de Paris, nous ne pouvons nullement partager *sa manière de voir*.

Un homme de cette valeur mérite certainement d'être écouté et entendu ; c'est pourquoi nous allons donner quelques extraits sommaires de ses paroles.

Au début de son discours, Denfert commence par définir l'objet de la *défense extérieure*.

La défense de Belfort fut extérieure ; on ne céda à l'ennemi les ouvrages qui se trouvaient sur les approches que pas à pas et en combattant.

Les exemples, cités par le général baron de Chabaud-Latour, de la défense de *Gênes* par *Masséna*, de *Dantzig*, par *Rapp*, et de *Mayence*, par *Aubert-Dubayet*, *Meunier* et *Kléber*, se rapportent également à la défense des approches ; mais ce furent des défenses extérieures ou offensives *d'une toute autre espèce* que celle de Belfort, en ce sens que pour les trois places ci-dessus la défense extérieure ne fut pas exécutée *par la garnison, mais par de grands corps d'armée, qui se servirent de la place comme point d'appui pour leurs opérations*.

Ces défenses sont d'ailleurs remarquables et elles seraient

inimitables lors même que les places en question n'auraient pas disposé d'une aussi grande quantité de troupes; *la défense de Belfort repose au contraire sur la plus grande portée et précision des pièces rayées de place.* Ces pièces permirent d'exécuter une défense extérieure active, même avec des troupes peu exercées, comme celles dont se composait la garnison de Belfort, qui, sur 16.000 hommes, comprenait 12.000 mobiles récemment entrés dans la place. Cet exemple est d'autant plus remarquable que le trouble moral et l'abattement des esprits étaient plus grands à la suite des défaites et des désastres survenus coup sur coup, et dont la connaissance était parvenue jusqu'à Belfort malgré l'investissement.

Cette explication préalable était indispensable pour montrer comment l'on peut actuellement arriver à rester maître d'une position fortifiée.

Le principe fondamental technique sur lequel cette conviction est basée consiste en ce *qu'une batterie de pièces rayées de place établie derrière une fortification permanente, c'est-à-dire dans une position que l'ennemi ne peut aborder, arrive à protéger à une distance de deux kilomètres, de la manière la plus efficace, les troupes chargées de maintenir la possession d'une ligne de bataille formée par une localité, des clôtures, des bois, etc., même lorsque ces troupes sont peu exercées.*

Ces principes permettent de fixer un minimum d'effectif de garnison pour les places qui sont en état de jouer ce rôle défensif; *il faut pour celles-ci au moins un périmètre de 15 kilomètres.* A Belfort, une garnison de 16.000 hommes occupait un périmètre de 20 kilomètres au commencement du siége. En admettant cette même proportion entre la garnison et le périmètre, *une garnison de* 12.000 *hommes* suffirait dans une place minima pour exécuter le même mode de défense; *avec une garnison moindre, il ne serait toutefois plus possible de l'employer.*

Le nombre des troupes à immobiliser *pour conserver les positions* doit être le soin principal, permanent, de tous les commandants de place. En effet, il est un fait qui ressort de toutes les guerres et qui a été constaté de nouveau dans la dernière, c'est qu'une garnison énergique, qui a disputé longtemps à l'ennemi des positions qui lui sont confiées et qu'elle occupe, *n'arrive presque jamais à reprendre celles qu'elle a une fois perdues.* Et cela est bien facile à comprendre, car tandis que les forces de l'ennemi se renouvellent sans cesse, les ressources de la place décroissent constamment.

Par conséquent, tout commandant doit avant tout se demander quelles sont les forces nécessaires pour chacune des positions qu'il doit occuper et conserver.

Puis, lorsqu'il a fait ce calcul indispensable, il peut songer à l'offensive, c'est-à-dire déterminer les forces qu'il peut y affecter.

Cette prescription est aussi urgente pour Paris que pour toute autre place.

Pour Paris, comme pour toute autre forteresse, l'axiome suivant a sa valeur : moins les fortifications immobiliseront de troupes pour leur défense, plus seront considérables les forces actives dont le commandant pourra disposer contre l'assiégeant, pour entraver l'investissement ou pour forcer à lever le siége.

Pour satisfaire à ce principe si simple, les efforts des ingénieurs doivent tendre à organiser les fortifications de manière à absorber le moins possible de troupes pour leur propre défense.

Une place comme Paris, qui est en même temps place forte et camp retranché, doit être fortifiée par une enceinte continue et par des ouvrages détachés, ce qui était d'ailleurs déjà la base de la fortification de 1840.

Pour mettre aujourd'hui la place à l'abri d'un bombardement, comme cela avait lieu à l'époque pour la fortification de 1840, il aurait suffi d'une série d'ouvrages au sud, environ à 3 kilomètres en avant des anciens forts qui forment le secteur compris entre les Hautes-Bruyères et le mont Valérien, au delà de Châtillon et la ferme de Trévaux.

Deux ou trois forts au nord protégeraient de même Saint-Denis contre un bombardement. De cette manière tout aurait été prévu. Mais le projet étendu du gouvernement a la prétention de rendre impossible l'investissement par la situation avancée des ouvrages, *et veut par suite assigner à la fortification un rôle qui ne lui convient pas.*

Les distances entre les ouvrages du système proposé étaient portées de 5 à 14 et 18 kilomètres, et leurs distances en arrière des anciens forts existants variaient, à l'exception de deux, entre 9 kil. 500 mètres et 17 kilomètres.

Les partisans du projet ayant pour but d'empêcher l'investissement à l'aide de ces dispositions avaient manifestement l'intention de défendre aussi les intervalles qui séparaient les forts poussés au loin, c'est-à-dire de donner aux forts le nombre de troupes nécessaires pour garnir l'espace situé devant et entre eux. Mais, pour atteindre ce but, il y a lieu de prendre des mesures de précaution, aussi bien sous le rapport du matériel que sous celui du personnel.

Le rapport du général Chabaud-Latour, examinant cette question : « s'il y a lieu de craindre qu'en cas d'insuccès, aucun des corps d'armée français, repoussés des frontières par l'ennemi, ne puisse réussir à atteindre Paris, conclut au contraire, qu'il y a lieu de craindre bien plus une certaine attraction, pour les troupes battues, de se réfugier sous le canon des forteresses. »

Denfert trouve, au contraire, incompréhensible ce qui s'est passé réellement en 1870, et l'avenir ne manquera pas d'être de son avis. Les expériences les plus récentes sont les plus concluantes; l'ennemi n'aurait jamais songé à rien entreprendre contre Paris, s'il n'avait réussi auparavant à démoraliser sérieusement les forces militaires dans une série de batailles rangées. Mais la description qu'a faite le général Vinoy de l'expédition du 19 septembre 1870, nous montre comment avec la rapidité des campagnes de notre époque, une garnison formée de troupes ainsi ébranlées peut subir l'influence de la panique.

Après l'enlèvement du plateau de Châtillon par les Allemands, la confusion était si grande qu'il n'eût pas été impossible à une attaque audacieuse de réussir même à prendre l'enceinte de vive force. Denfert appelle une telle attaque contre une enceinte à l'abri de l'escalade, où l'ennemi aurait été obligé de passer entre deux ouvrages parfaitement armés, distants seulement de 1.600 à 2.000 mètres l'un de l'autre, une témérité sans aucune chance de succès, qu'aucun général expérimenté n'aurait voulu tenter.

« Mais si au lieu de l'intervalle de 1.600 à 2.000 mètres, *les ouvrages voisins avaient été à la distance de 14 kilomètres l'un de l'autre et de 17 kilomètres en avant* des anciens forts, et si, à la place de la tentative d'escalade mentionnée par le général Vinoy, on suppose que l'ennemi eût cherché à se glisser entre les forts et l'enceinte, afin d'envelopper et d'isoler un ou plusieurs forts, *une telle opération pouvait incontestablement réussir*, à la suite d'une panique comme celle du 19 septembre 1870 ; mais elle aurait également de grandes chances de réussir lorsque des troupes victorieuses et enhardies par des succès récents et considérables auront affaire à des troupes démoralisées par des défaites également récentes. »

Les développements subséquents du colonel Denfert se rapportent aux deux points principaux déjà mentionnés de sa critique.

1° La nécessité de défendre *tout le périmètre* et d'avoir les masses de troupes nécessaires pour cela ;

2° La possibilité d'isoler un ou plusieurs forts et d'en entreprendre le siége.

Sous le premier rapport, le colonel Denfert prend exclusivement le périmètre pour base du calcul de la garnison. D'après l'exemple de Belfort, il suffirait de 800 hommes par kilomètre de périmètre ; comme conséquence de la position très-avancée des ouvrages et en tenant compte des distances à parcourir dans chaque direction par les troupes, Denfert admet 1.200 hommes par kilomètre dans le projet *réduit* pour Paris, auquel cas il a en vue de faire une défense extérieure active allant jusqu'à 2 kilomètres en avant des ouvrages.

Dans cette hypothèse et pour le projet restreint des fortifications de Paris, dont le périmètre comporte environ 80 kilomètres, il faudrait *immobiliser* une armée de 100.000 hommes en chiffres ronds, pour défendre la ligne extérieure de combat et les fortifications elles-mêmes.

Dans le système *étendu* et en prenant comme périmètre les lignes de jonction des forts, la ligne à occuper mesurerait 150 kilomètres, en supposant seulement une étendue de 2 kilomètres en avant de chacun d'eux.

En admettant par kilomètre la même proportion pour la garnison, il faudrait immobiliser, avec le système étendu, une armée de 180.000 hommes dans le même but.

Mais il n'est pas besoin d'insister pour comprendre que, pour arriver à empêcher l'ennemi de pénétrer dans les intervalles, le système *étendu* exigerait par kilomètre beaucoup plus de troupes pour sa défense que le système *restreint*.

« *Ce système s'écarte de toutes les données techniques*; *il est complétement nouveau, le passé ne fournit pour l'apprécier aucun terme de comparaison.*

Nous serions entrainé beaucoup trop loin, si nous voulions suivre davantage les développements du colonel Denfert.

Comme nous avons déjà indiqué que notre manière de voir au sujet des fortifications de Paris diffère de celle du défenseur de Belfort, il est logique que nous n'admettions pas, pour base rigoureuse, le calcul de la garnison basé sur les limites du périmètre extérieur d'une fortification organisée d'après *le système par groupe*, sans croire pour cela qu'il soit possible d'arriver à défendre les trois groupes de fortifications de Paris avec un nombre de troupes moindre que celui désigné par le colonel Denfert.

La défense directe de chaque groupe et *la défense indirecte* de la zone existant entre deux groupes forment ensemble un système de défense tactique, dont la délimitation du périmètre extérieur, qui, en général, forme simplement une ligne imaginaire, n'est pas sans importance.

Pour cette raison, car il ne s'agit pas ici d'une ceinture également faible de tous les côtés, nous considérons comme peu sérieuse la seconde objection du colonel Denfert, au point de vue du danger de voir l'ennemi pénétrer entre les points fortifiés avancés ou reculés, s'établir dans cet intervalle, isoler les premiers et les attaquer méthodiquement. Mais ce danger nous paraît d'autant plus vraisemblable pour un grand camp retranché ordinaire, dès que la garnison de ce dernier est réduite à la garnison normale minima des ouvrages de fortification.

Nous distinguons par suite essentiellement les deux cas que le colonel Denfert réunit dans une égale opposition.

Nous acceptons sans conteste la fortification de grande espèce par groupe (ou en général la fortification des camps retranchés) *du point central de défense d'un système défensif du pays, car aucun État, patriotiquement pénétré de la nécessité de défendre son indépendance jusqu'à la dernière limite, ne peut se passer d'une place de ce genre.* Les défenseurs ne lui feront pas défaut non plus, car même, à l'exclusion de toute fraction de l'armée, la population d'un pays où règne le sentiment du devoir ne manquera pas de trouver de nouvelles troupes pour défendre le réduit central de l'État.

Mais il en est autrement des grands camps retranchés fortifiés récemment comme *points d'appui stratégiques*, et qui sont situés soit sur la frontière, soit dans une zone en arrière du théâtre de la guerre. *Pour ces places,* ou bien les commandants d'armée seraient obligés de combiner leurs opérations avec les places existantes, ou bien (et c'est naturellement la seule manière régulière de faire la guerre) les places pourraient *être utilisées* par l'armée en cas de nécessité, mais *sans* limiter les mouvements de celle-ci. Toutefois, dans ce cas, il faut admettre de la manière la plus positive l'hypothèse que les places de ce genre pourront être cernées par l'ennemi *si elles ne possèdent pas de troupes mobiles* en plus du nombre de la garnison normale des ouvrages.

Dans ces conditions, les arguments du colonel Denfert et son calcul de la force de la garnison, basé sur le périmètre à défendre, nous paraissent parfaitement justifiés ; dès qu'il se produit un mécompte sous ce rapport, *un grand camp retranché est plus faible* qu'une fortification concentrée, et il est d'autant plus faible qu'il est plus grand.

Nous regrettons donc, ainsi que nous l'avons dit déjà, que le défenseur de Belfort ait dirigé ses premières critiques contre le seul cas qui constitue *une exception bien tranchée,* non-seulement d'après le but de la fortification et d'après les ressources que renferme la ville même, mais encore, à notre avis, parce que cette question doit aussi être examinée à d'autres points de vue, et qu'il faut tenir compte ici d'autres facteurs que des nombreuses places de manœuvres et points d'appui situés *dans et derrière la première ligne de combat,* facteurs qui se font jour de nouveau malgré la recette moderne générale des camps retranchés, si l'on peut s'exprimer ainsi.

Mais reportons-nous un instant aux débats auxquels donnèrent lieu les fortifications de Paris. Parmi les militaires siégeant à l'Assemblée, le colonel Denfert n'était pas le seul qui n'admît pas l'extension par trop considérable donnée aux fortifications de Paris; parmi ceux qui votèrent contre le projet, nous nommerons l'amiral *Pothuau* (connu par la défense de Paris), les généraux d'*Aurelles de Paladines*, *Changarnier*, *Frébault*, *Valazé* et *Saussier*. Les abstentions comprennent les généraux suivants, qui par conséquent étaient aussi les adversaires du projet: *de Cissey*, ministre de la guerre peu auparavant; *Billot*, l'auteur futur du projet de réorganisation du corps d'état-major, et *Chanzy*, gouverneur de l'Algérie.

A part Changarnier, le général Billot fut le seul orateur militaire qui prit la parole contre le projet de loi.

Dans un discours habile, mais trop empreint, à notre avis, de phrases à la Changarnier, sur l'offensive propre à l'esprit français, il s'efforça de prouver que les idées de percées avec de grandes masses sont des chimères, et aussi que le succès des opérations d'armées de secours combinées avec les sorties des assiégés est toujours excessivement problématique; que la seule défense sérieuse d'une place consiste dans une défense offensive, dans des sorties incessantes, mais s'appuyant toujours sur l'enceinte et y puisant force et secours, puis se repliant sur l'enceinte après la réussite du premier choc violent. Partant de cette manière de voir, si l'on transforme Paris en réduit de la France, ce serait surtout une faute : 1° de laisser le gouvernement, séduit par une sécurité trompeuse, s'enfermer dans Paris; 2° de déclarer la résistance du pays épuisée après la chute de la capitale; 3° de diriger sur la capitale tous les débris des armées françaises et, à leur suite, toutes les armées étrangères d'invasion, et, par suite, d'aider à leurs opérations *concentriques*, alors qu'on ne pourrait obtenir quelque succès que par une défense *excentrique* du pays.

Nous ne nous arrêterons qu'un instant au long discours prononcé par l'ex-président de la république, *M. Thiers*, qui combattit aussi bien la partie financière du projet que le choix local des emplacements; nous voulons parler des motifs auxquels l'extension exagérée du nouveau projet de fortifications est attribuée. « Dans les discussions auxquelles j'ai assisté, dit M. Thiers, j'ai entendu déclarer : mais telle ou telle position est dominée; on est obligé de se porter en avant de ces hauteurs dominées. Stains (au nord de Saint-Denis) est une position dominée, par conséquent il faut aller plus loin, à Écouen; mais Écouen est aussi dominé, de sorte que nous admettrons Cormeil ! D'un point dominant à un autre, on était conduit à des distances immenses, de manière qu'on ne savait plus où fixer la limite.

« *Mais je dis qu'on agira avec bon sens en faisant le nécessaire.* Demandez à l'amiral Pothuau : il a reçu des projectiles gigantesques ; a-t-il évacué les ouvrages pour tout autant? De même ceux qui occupèrent le fort d'Issy l'ont-ils rendu avant que nous ayons bombardé leurs casemates à une distance très-rapprochée? *Affirmer qu'une position n'est pas tenable, parce qu'elle est dominée*, c'est exprimer une chose que les militaires ne voudront pas croire. »

Nous ne pouvons nous arrêter plus longtemps au discours du célèbre homme d'État : cela nous entraînerait trop loin dans la discussion des principes qui doivent guider dans le choix des *emplacements isolés*, tandis que nous ne voulons ici examiner que les propriétés *générales* des grandes places centrales, à leurs divers points de vue. Mais nous avons reproduit le passage précédent, parce que nous partageons complétement l'appréciation du savant homme d'État, que la plupart des ingénieurs se laissent entraîner, comme conséquence nécessaire de l'occupation d'un point, à exiger l'occupation d'une série d'autres positions en avant, et qu'ils s'exposent par là à faire échouer complétement la fortification du point, par l'extension que le projet doit par suite comporter et qui le rend inexécutable. En Autriche, on sait à quoi s'en tenir à ce sujet.

Nous allons maintenant passer au discours que le colonel *Denfert-Rochereau* prononça sur le projet de loi concernant *la fortification des frontières de l'Est*, dans la séance du 17 juillet 1874. La Chambre, ou tout au moins une partie, insistait très-fort pour qu'on passât au vote *sans discussion*, de sorte qu'à deux reprises il parut douteux que la parole serait laissée sur cette question au spécialiste ci-dessus. Le rapport du général baron de Chabaud-Latour, sur le projet de fortification, avait été distribué *seulement la veille*; de 1871 à 1874, on avait pu laisser le temps s'écouler, non pas dans l'inaction, mais du moins sans aboutir à rien, et à ce moment il n'était plus permis de différer d'un jour (1). La critique n'avait pas eu le temps de se préparer à loisir; on doit aussi tenir compte de cette circonstance pour apprécier le discours du colonel Denfert.

« Le nombre de places que l'on propose de transformer ou d'ériger en camps retranchés est très-grand; je ne veux parler que de ceux proposés pour la première ligne: *Belfort, Toul et Verdun.*

« Bien que le principe fondamental — *l'idée mère* — du projet ne ressorte pas très-clairement du rapport, je constate néanmoins avec satisfaction, d'après l'étendue des diverses parties de ce rapport, que le système que l'on cherche à opposer à une invasion allemande consiste en un ensemble de positions fortifiées dont les intervalles doivent être occu-

(1) Il y avait là, croyons nous, plutôt une question de patriotisme qu'une objection de temps et de délai; en effet, l'Assemblée pouvait craindre qu'une discussion approfondie n'éveillât la susceptibilité ombrageuse de nos voisins, ou ne dévoilât des faits ou des projets qu'il importait de tenir secrets. La conviction de chacun des membres de l'Assemblée étant établie d'avance, ce n'était évidemment pas une discussion de quelques heures qui pouvait la modifier, d'autant plus que les spécialistes avaient pu faire valoir leurs raisons dans leurs bureaux respectifs. (*Note du trad.*)

pés par des armées, *Donc, sans l'occupation de ces intervalles par les armées, un tel ensemble ne pourrait pas se défendre* (1).

« Les trois places en question forment notre premier front d'opérations ; leur position les expose, par suite, également dès le début, à une entreprise de l'ennemi. Les ouvrages que l'on se propose d'y annexer donnent à l'organisation d'ensemble formée par les anciens et les nouveaux ouvrages des propriétés spéciales, qui se distinguent complétement de la plupart des fortifications existantes. Pour me faire une opinion sur le caractère de ces fortifications, j'ai mesuré sur le plan quelques distances, sur lesquelles je désire attirer votre attention.

« 1° Les plus petites distances en arrière jusqu'aux anciens ouvrages de la place (à restaurer ou à renforcer) varient :

« *A Verdun*, entre 4.000 et 6.800 mètres ;

« *A Toul*, entre 4.600 et 4.900 mètres, à l'exception du fort Mont-Saint-Michel, qui n'est qu'à 1.300 mètres ;

« *A Belfort*, entre 3.200 et 4.100 mètres.

« Ces dernières distances sont comptées à partir des forts isolés, qui sont déjà eux-mêmes distants de 600 à 1.200 mètres de l'enceinte, et dont la plupart, pendant la guerre de 1870-1871, n'étaient que des ouvrages de campagne défectueux au plus haut point (2).

« 2° Les distances entre deux ouvrages voisins, le long du

(1) Cette critique du colonel Denfert est fondée, et on en a tenu compte. Les places de Belfort, Toul et Verdun, sont reliées par une ligne de forts détachés, qui se soutiennent réciproquement et qui pourraient au besoin être défendus par l'armée terriroriale. (*Note du trad.*)

(2) Il y a là une exagération évidente, échappée à la chaleur de l'improvisation ou nécessaire aux besoins de la cause. Les ouvrages en question étaient, il est vrai, construits dans le genre provisoire, mais ils étaient solides, et le colonel Denfert les améliora au point qu'ils rendirent sensiblement les mêmes services que des ouvrages permanents. (*Note du trad.*)

périmètre déterminé par le nouveau projet, varient : *à Verdun* de 3.100 à 4.900 mètres ;

« *A Toul*, de 4.200 à 9.700 mètres, et enfin

« *A Belfort*, de 3.900 à 8.600 mètres.

« 3° Les lignes du périmètre occupées, en supposant la ligne des avant-postes de la défense poussée à 1.800 mètres en avant des ouvrages les plus avancés, ont une longueur :

« *A Verdun*, de 41.000 mètres ;

« *A Toul*, de 37.000 mètres ;

« *A Belfort*, de 38.000 mètres.

« Avec des distances si considérables, l'artillerie des ouvrages voisins compris dans la ceinture ne peut plus défendre efficacement les intervalles ; elle ne peut pas les battre complétement la nuit, ni dans certains jours brumeux, ni encore lorsque dans ces intervalles il se trouve des parties de terrain plus ou moins soustraites aux vues des deux forts.

« Et ce n'est pas tout ! lorsque les distances sont aussi grandes que celles que j'ai indiquées, le noyau de la position formant la place et situé en arrière ne peut pas non plus recevoir une défense efficace de l'artillerie de la gorge des ouvrages.

« La faiblesse relative du dispositif complet de la fortification doit être alors compensée par l'emploi, pour la défense, d'un système de troupes très-manœuvrières, capables de se défendre en rase campagne, troupes qui emmènent avec elles de l'artillerie de campagne et qui peuvent occuper, dans les intervalles, des retranchements ou des abris passagers qui doivent leur valeur moins à eux-mêmes qu'aux troupes qui les défendent. »

Nous cessons ici d'être complétement d'accord avec l'orateur, dont l'argumentation présente un mélange subtil de vrai et de faux. *L'emploi de troupes manœuvrières dans le sens offensif, comme élément principal de la défense*, en vue de conserver un point déterminé, constitue le *principe fonda-*

mental du système moderne de fortification. Cet emploi n'est donc pas uniquement destiné à *compenser* la faiblesse relative du dispositif de la fortification, mais au contraire *cette dernière doit être disposée de manière à favoriser cet emploi.* Toutefois, une certaine espèce de compensation peut jusqu'à un certain point trouver place, lorsque la force absolue des troupes et celle des dispositifs de la fortification peuvent être considérées comme étant en proportions inverses, en faisant opérer de solides forces mobiles entre de faibles ouvrages, et réciproquement, de faibles troupes entre de forts ouvrages.

Il est important pour notre thèse que l'équilibre entre les ouvrages et les troupes soit compris comme un rapport réciproque existant effectivement, mais non, ainsi que l'admet le colonel Denfert, comme *la conséquence du système adopté.*

Cette espèce de dispositif de fortification conduit précisément au système qui favorise le plus le combat des troupes mobiles; le nouveau système de fortification a par suite à résoudre un problème déterminé, de telle sorte que c'est un contre-sens de lui imposer de remplir, en même temps, cette seconde condition de faire une défense aussi énergique lorsqu'elle n'a pas de *troupes mobiles* (c'est-à-dire limitée à la faible garnison de la place). Le système adopté pour la fortification moderne se ressent de la contradiction qui existe entre ces deux prescriptions, qui rappellent malheureusement le vieil adage qu'on ne peut servir deux maîtres à la fois.

Dans le dernier cas, quand on ne peut disposer du concours de troupes mobiles, il y a lieu d'organiser toutes les parties du système de fortification de manière à satisfaire au plus haut point aux prescriptions de force passive et d'appui réciproque dont une place ne peut pas se passer, dans le cas d'une défensive pure, pour se défendre avec quelque opiniâtreté.

La protection minutieuse des pièces et des hommes entre autres augmente la dépense à faire pour les dispositions intérieures et extérieures de tout ouvrage isolé, de même que la nécessité d'un soutien réciproque et d'un commandement complet des intervalles augmente le nombre des parties de la fortification.

Si tout l'ensemble de la fortification est organisé comme grande place de rassemblement pour une armée, il est au plus haut point important et avantageux de *pousser à l'extérieur* les ouvrages de défense et de soutien, et d'augmenter *la distance* des intervalles qui peuvent être utilisés pour l'offensive. La force intérieure des ouvrages est peu de chose dans ce cas, car en présence de troupes mobiles ces ouvrages ont peu à craindre d'une attaque de vive force.

Un camp retranché disposé avec des ouvrages très-forts, sur une étendue relativement limitée, ainsi qu'un camp retranché très-étendu, consistant en ouvrages moins forts, se trouveront tous deux, au point de vue des frais de construction, dans des limites encore admissibles. Mais dès que *ces deux conditions* sont posées *en même temps*, et que le grand camp retranché doit aussi se montrer très-résistant, lorsque la base de son organisation, *les troupes mobiles*, *font défaut*, il en résulte qu'il faut donner à la fortification un grand développement comme l'exige *une* des données, et en même temps la composer de parties nombreuses et fortes, suivant la prescription de l'*autre* facteur; *on arrive alors aux grands camps retranchés actuels, dont les grandes puissances elles-mêmes ont peine à solder les frais.* Comme conséquence, on est forcé d'admettre des *compromis*, l'on fait des économies tantôt sur la construction, tantôt sur le nombre, tantôt (ce qui est plus mauvais encore) sur l'armement des ouvrages; on se résigne au provisoire, on a des places incomplètes, et lors même que les circonstances permettent de terminer l'une ou l'autre, on est certain qu'après avoir dépensé des sommes considérables pour les grands camps retranchés, ceux-ci ne constituent plus, dès que le sort de la guerre en a éloigné les armées, que des forteresses relativement très-faibles en raison de l'importance de la garnison normale qu'elles absorbent.

On se console, il est vrai, parce que cette dernière est prise dans les troupes de deuxième ligne ; mais on a tort, car si la lutte se produit effectivement autour de la place ainsi occupée, cette garnison perd confiance ; la force de résistance repose en effet directement sur la solidité des troupes de la garnison, et plus le combat doit se prolonger, par les lenteurs proprement dites d'un siége en règle, plus les conditions de bravoure et de solidité des troupes doivent être grandes.

Notre conclusion sur les principes exposés jusqu'à présent est que l'art de la fortification, pour ne plus mériter le reproche de la période actuelle, de vouloir concilier des conditions impossibles, n'arrivera à des proportions raisonnables et réalisables qu'en appliquant le principe *suum cuique : agir d'une façon différente dans des cas différents.*

Nous voulons d'abord examiner dans quel sens nous croyons ce résultat possible, mais auparavant nous avons besoin d'exposer de nouveau les vues des adversaires de la théorie actuelle sur les grands camps retranchés.

Quelles sont les conditions que doivent remplir les ouvrages entrant dans le cadre de la fortification d'un pays, organisée systématiquement, et quels moyens emploiera-t-on pour satisfaire à chacune de ces conditions?

Il saute aux yeux que *toute complication du problème* augmente la difficulté de la solution de chacune des conditions; *la simplicité* est ici aussi, comme dans toutes les branches de l'art militaire, la loi suprême, que l'on se repent toujours de n'avoir pas suivie. *Le camp retranché moderne* occupera naturellement un point stratégique important du théâtre partiel de la guerre. Il se trouve par suite ordinairement sur un cours d'eau qui, d'après sa grandeur déjà, forme un obstacle tactique, et il protége ou assure le passage comme *double tête de pont; il barre* les routes et les lignes de chemins de fer qui aboutissent en ce point; il est considéré comme *point d'appui* pour les opérations qui ont lieu sur ce théâtre partiel de la guerre; il sert de *place de dépôt* pour les approvisionnements qui sont nécessaires pour ravitailler, refaire et équiper à nouveau une armée qui serait rejetée dans la place; enfin, le dernier, *le véritable but*, le but principal, est la mission qui est réservée au *camp retranché* moderne, et à laquelle il doit son nom : *recevoir une armée ou une partie d'armée (place de refuge)*.

Il est incontestablement vrai que, par le fait de sa présence en un point, la forteresse remplit toutes ces conditions; mais il est très-facile de se rendre compte à ce sujet que, pour satisfaire à chacune d'elles, en particulier, il n'est nécessaire, à aucun point de vue, de faire une aussi grande dépense de ressources que pour le cas où l'on serait obligé de mettre une place en état de remplir la dernière condition, *de servir de refuge à une armée.* En poursuivant encore plus loin ses investigations, on arrive à cette conviction que, sous plus d'un rapport, ce serait presque porter directement atteinte à la force de résistance dans chacun de ces cas en particulier, que de donner une si grande extension à la forteresse, à cause de *son caractère de camp.*

« Pourtant, dit-on, toutes les autres conditions sont la conséquence du *but principal;* on doit même passer pardessus des inconvénients sérieux au point de vue des buts secondaires! Donc, lorsqu'une place est destinée à servir forcément de camp retranché, par suite de sa situation sur le théâtre de la guerre, toutes les autres considérations doivent se taire. » Mais ce principe perd beaucoup de sa valeur, si l'on se reporte au reproche de faiblesse fait précédemment aux camps retranchés « dans les murs desquels ne se trouve pas *une armée.*» *Dans ce cas*, les fortifications les plus étendues sont aussi celles qui sont le moins aptes à se défendre; *on a ainsi diminué la faculté de résistance dans les différents cas où il s'agit d'une faible garnison, pour la renforcer précisément dans le cas unique où la garnison est assez forte sans cela, puisqu'elle est soutenue par une armée.*

On répond à cette objection : «Cette armée se trouve dans des conditions déplorables, elle a besoin d'une protection assurée. » Évidemment, mais une armée est plus facilement protégée qu'un petit détachement : la position d'une armée peut être rendue *inattaquable* à l'aide de ressources qui ne peuvent pas augmenter sérieusement la force de résistance des petits détachements.

La conséquence de ce qui précède est la suivante : *à l'exception unique des grandes places*, dans l'intérieur desquelles, d'après toutes les prévisions, de grands corps d'armée *doivent forcément se réunir ou se concentrer* pour la défense du pays (et nous dirons plus loin quelles sont ces places); à l'exception de ces places, *en petit nombre*, il ne paraît pas justifié de donner d'avance le type de camp retranché aux autres places fortes d'un pays, parce qu'elles peuvent *éventuellement*, suivant les chances de la guerre, être appelées à recevoir une armée.

Toute place doit être uniquement fortifiée d'après le rôle qu'elle a spécialement à remplir, et en tenant compte dans les détails des exigences du terrain ; mais, pour celles qui, par leur situation, peuvent être appelées, dans certains cas, à servir de refuge à des corps d'armée, rien n'empêche de leur procurer, par la construction de *quelques points d'appui* fortifiés, la possibilité *de s'étendre à l'aide de moyens provisoires.*

Pour faire mieux comprendre cette manière de voir, il y a lieu d'examiner de plus près les deux questions qui viennent d'être posées : quelles sont les fortifications qui doivent faire partie du système de défense d'un pays, et quels sont les moyens à employer pour arriver à ce résultat? Ces deux questions sont intimement liées l'une à l'autre.

L'ouvrage actuel de fortification le plus simple, le *fort d'arrêt*, qui sert à barrer les routes et les communications, constitue également le type unique pour la résistance passive. Il est depuis longtemps reconnu que, même dans les régions montagneuses élevées, il ne peut être question d'un barrage absolu ; mais on arrive à empêcher l'ennemi de se servir *des routes*, d'y passer (par grands détachements, avec des convois, etc.) tant que le défenseur peut balayer cette route par son artillerie ou sa mousqueterie.

Pour atteindre d'une manière tout à fait satisfaisante le but de rester maître de la route, il suffit de placer l'artillerie de manière que l'ennemi soit obligé de diriger contre elle un feu de beaucoup supérieur, et de la protéger, par une enceinte à l'abri de l'escalade, contre une attaque de vive force. En ne tenant compte que de son rôle passif d'ouvrage d'arrêt, un tel fort n'a besoin non plus que d'une garnison d'infanterie, minimum, qui cependant doit être en mesure (ainsi que les servants des pièces) de laisser passer tranquillement par-dessus sa tête, dans des abris à l'épreuve, un feu d'artillerie ennemie même très-prépondérant, de manière que l'adversaire ne puisse jamais arriver à se rendre maître de l'ouvrage par *une attaque éloignée*, mais uniquement par *une lutte rapprochée*.

Un fort d'arrêt de ce genre, dont la garnison, l'armement et les défenses qui le mettent à l'abri de l'escalade peuvent braver le bombardement de l'ennemi (de sorte que la défense demeure pour ainsi dire intacte pour le combat rapproché), constitue un ouvrage capable d'une grande résistance, et nous ne sommes pas en ce point de l'avis du colonel *Denfert*, qui juge ces types trop petits et pourvus d'une trop faible garnison pour être en état de lutter sérieusement.

Il faut que, dans ce cas, *la garnison soit faible*, pour qu'elle puisse trouver dans l'intérieur de l'ouvrage un couvert assuré ; il serait excessivement nuisible d'y avoir trop de monde.

Mais il résulte de là aussi que l'on ne doit confier à la garnison des forts d'arrêt qu'un rôle limité : *conserver la position*. Le soin de défendre les environs, quels qu'ils soient, ne doit pas lui être confié, pour ne pas compliquer d'avance la situation.

Les ouvrages de ce genre, qui doivent se suffire complètement à eux-mêmes, ont aussi bien pour mission de soutenir le *combat éloigné* avec l'artillerie ennemie que, dans le *combat rapproché*, de repousser les tentatives d'attaque de vive force faites contre l'ouvrage. Cette condition exige indispensablement un abri complet de l'escalade, un flanquement assuré des fossés et une bonne défense de la gorge, parce que de cette manière seulement on sera en droit d'espérer que le combat rapproché pourra être soutenu par une garnison minima et sans le secours de forces mobiles.

Toute diminution de cette faculté de résistance passive devrait être compensée par des *réserves extérieures*, pour soutenir le combat rapproché. Ce dernier ne peut même plus être soutenu avec succès par de faibles ouvrages, abstraction faite de ce que déjà, pour repousser la surprise, la garnison elle-même et, par suite, l'ouvrage complet, doivent être rendus plus forts.

Réciproquement, un ouvrage appuyé par des réserves extérieures permet de diminuer le degré de résistance passive, lors de la *construction* de l'ouvrage.

Nous ne nous arrêterons pas plus longtemps à exposer ces principes, qui ne renferment rien de neuf, parce que le type de l'unité, considéré ici isolément, est devenu, avec certains agrandissements et modifications exigés par l'augmentation de la zone battue et par l'accroissement de la sphère d'action, *l'élément de principe* de la fortification moderne la plus vaste, sous le nom *d'ouvrage détaché* ou *de fort de camp retranché.*

Dans le fort d'arrêt isolé, nous trouvons encore *l'harmonie* la plus complète entre *le but* et *le dispositif*, entre l'organisation *des moyens de défense passive* et l'emploi *des moyens de défense active.*

Quand trouvera-t-on une semblable harmonie pour les autres ouvrages que réclame le théâtre de la guerre?

La réponse à cette question devrait être : *lorsque dans la force de résistance passive des divers éléments* il ne pourra se présenter *aucun mécompte* assez grave pour détruire l'harmonie de chacun des éléments, et lorsque la *grandeur des intervalles* et le nombre des divers éléments seront *convenablement proportionnés aux moyens de défense actifs* affectés à la défense du point en question.

La sécurité du point à couvrir par la fortification exige que les divers éléments soient *poussés aussi loin que possible ;* la configuration du terrain en détermine *le nombre ;* le tracé du périmètre *d'une place de dépôt* est suffisamment étendu lorsqne *les dépôts* à couvrir, placés au centre, ne peuvent plus être atteints par les feux à grande portée des contre-positions possibles pour l'ennemi ; de même, le périmètre *d'une double tête de pont* sera assez vaste lorsque *le pont* sera couvert dans le même sens, ainsi que l'espace nécessaire pour les troupes qui débouchent. Aucun État ne placera les dépôts principaux de sa mobilisation aux frontières du pays ; *les places de dépôt* situées près des frontières ne peuvent recevoir que des approvisionnements de guerre restreints, afin d'être en mesure de pourvoir dès les premiers moments un corps d'observation pour la lutte qui se sou-

3.

tient alors dans les positions occupées par l'armée. Leur importance est secondaire.

Il y a lieu de préparer d'avance, sur le théâtre de la guerre, de nombreux *passages* importants pour faciliter les opérations possibles des armées ; un État agit avec prévoyance, en faisant déjà dès le temps de paix tout ce qui est possible pour rester maître de ses lignes d'opérations et de ses lignes de retraite, maître de ses *routes* et de ses *cours d'eau*. Ces passages doivent être protégés par des places fortes.

En admettant qu'on ne donne à ces places de dépôt ou d'arrêt que strictement l'étendue nécessaire pour remplir leur but spécial, *on peut arriver encore* (parce que ces places ne doivent exister qu'en nombre restreint sur chaque théâtre de la guerre) *à atteindre l'harmonie nécessaire entre le but et l'ouvrage, entre les moyens de résistance passifs et actifs.* Mais dès qu'on exige davantage de chacune de ces places, dès qu'on les transforme en camps retranchés, les conditions changent. L'État n'est plus en mesure de satisfaire à ces exigences ; on arrive à des *compromis*, c'est-à-dire que tandis que relativement à l'étendue occupée, la place manquera plus qu'auparavant de garnison et de fortification et que, par suite, on aura toujours moins de réserves extérieures disponibles pour défendre les intervalles et pour soutenir les ouvrages, il faudra en même temps faire aussi des concessions en ce qui concerne la force de résistance passive de ces ouvrages.

Il n'y a rien de plus mauvais que les demi-mesures là où il faut de *la force.* On construit les ouvrages permanents d'une manière faible, parce que l'on compte sur la lutte active, sur la défense offensive des intervalles, et que l'on ne considère la défense de la place sans troupes mobiles à l'intérieur que comme une *éventualité* tout à fait exceptionnelle. Mais lorsqu'une guerre survient, on croit que l'on a des *fortifications permanentes*, dont la valeur principale consiste évidemment en ce qu'elles peuvent se défendre avec une garnison minima.

Nous ne voyons qu'un moyen de remédier à cette double inconséquence, c'est de poser des limites précises et claires, dans lesquelles la détermination des places fortes et leur affectation devraient se tenir, et de rompre une fois pour toutes avec cette tendance vague de vouloir avoir des places en état de répondre à toutes les éventualités qui peuvent se présenter dans les opérations, ou de préparer des espèces d'*arches de Noé* pour chaque échec partiel subi sur le théâtre de la guerre.

Un objectif parfaitement correct et facile à atteindre pour la fortification consiste, pour se maintenir en possession de certains points importants, *à corriger le terrain de manière que ce problème puisse être résolu en chaque endroit avec le moins de forces possible.*

Le colonel *Denfert* a raison lorsqu'il dit que d'autres tendances imposent à la fortification de nouveaux problèmes, qui ne répondent pas à son caractère. Nous pourrions encore répéter à ce sujet que dans aucune branche de l'art il n'est possible de servir deux maîtres à la fois. Et pourtant c'est à quoi l'on voudrait arriver en demandant qu'une place construite pour recevoir et protéger une armée puisse se défendre également lorsque cette âme si précieuse vient à lui manquer.

Nous croyons donc qu'on suit une fausse direction en voulant entourer de forts détachés, en forme de camps retranchés, pour toutes les éventualités qui peuvent se présenter sur le théâtre des opérations, les places de dépôt et têtes de pont existantes ou indispensables pour recevoir des parties d'armée, au point d'en faire manifestement de grands camps retranchés. *Suum cuique.*

Une place de dépôt, une tête de pont, une place d'arrêt, etc., ne doit comporter que l'étendue qui lui est nécessaire pour remplir le rôle qui lui incombe directement, afin que la *faible force défensive disponible pour les places isolées à l'intérieur de forts ouvrages de défense passive* puisse être mise en état de remplir *sa mission avec succès.*

Mais pour le *cas éventuel* où, d'après la situation de la place, une plus grande étendue paraît, en général, devoir être prise en sérieuse considération, il est facile de trouver un expédient. La configuration du terrain décidera de quelle manière, par une extension partielle de la ceinture, on peut obtenir l'espace assuré nécessaire pour le camp, soit à l'intérieur de la ceinture, soit par des annexes (d'un côté ou de l'autre du cours d'eau). Une armée, même battue, dispose encore de quelques troupes solides prises isolément ; en ce cas, dans le combat entre les points d'appui fortifiés, la force réside déjà dans le nombre, et cette force qui surgit subitement peut permettre de défendre des fortifications passivement faibles.

Les grosses pièces de place sont, dans la limite de leur portée, une puissance respectable, même pour un adversaire victorieux; sous la protection des ouvrages existants et des solides points d'appui fortifiés isolément d'après la configuration du terrain, on arrivera à établir des retranchements et des batteries capables de résistance bien avant que l'ennemi soit en état de diriger une action énergique. Ces préparatifs additionnels sont déjà d'ailleurs commencés dans beaucoup de ces places dès les travaux de mise en état de défense, mais de manière toutefois à ne pas être un inconvénient au cas où aucune force mobile ne se retirerait dans la place et où celle-ci serait assiégée.

Les adversaires du remplacement de toute place forte par le grand type de camp retranché augmentent à vue d'œil. Nous avons exprimé ici notre manière de voir, surtout au point de vue de la force de résistance ; mais il se produit des opinions opposées à ce système, même en ce qui concerne leur influence sur les opérations.

« En théorie, ainsi que le fait observer le général *Brialmont* lui-même, les camps retranchés devraient donner plus d'indépendance aux généraux; mais, en réalité, il arrivera rarement qu'un général battu ou menacé de l'être ne se replie pas sur un camp retranché, plutôt que de manœuvrer en arrière ou latéralement.

« Par suite, les camps retranchés seront presque toujours avantageusement remplacés *par des places de second ordre, qui auront la même force de résistance si elles sont suffisamment pourvues d'abris et d'artillerie, qui nécessiteront des garnisons moins nombreuses et coûteront beaucoup moins cher* (1). »

La forme de ce jugement, en tant que nous pouvons en comprendre le sens, nous paraît exposée à de fausses interprétations. *Le camp retranché* réel ne peut pas être *remplacé* par des places de second ordre ; mais, *dans le plus grand nombre de cas, des places de second ordre peuvent remplir le but qu'on se propose.*

Là où le grand camp retranché entre effectivement dans le système de défense d'un État, *on le construit alors avec toute l'étendue et la force nécessaires, comme une pierre fondamentale importante de la puissance et de l'indépendance de l'État.*

Nous arrivons maintenant à l'examen de la question qui a pour but de préciser *quels* sont les points où la défense exige impérieusement l'emploi du type moderne de camp retranché.

La place centrale (la capitale de l'État) doit en même temps être *la place forte la plus puissante du pays.* Nous avons déjà exprimé notre opinion sur Paris à ce sujet. Partout ailleurs, la capitale n'a pas toujours une importance stratégique égale, et la Belgique agit sagement, puisque l'étendue

(1) *Bulletin de la Réunion des Officiers*, 1er semestre 1876, page 198.

de son théâtre d'opérations et des raisons d'économie *s'opposent* à l'établissement de *deux* grands camps retranchés, en se décidant à fortifier *Anvers* comme principale place d'armes du pays, parce que cette ville est plus importante que la capitale (*Bruxelles*) au point de vue stratégique.

Toutefois, pour les grandes puissances, la fortification de la place centrale n'exclut pas celle d'autres points; quels sont donc les points qui, avec la place centrale du pays, doivent encore être transformés en camps retranchés pour servir de base aux opérations? La concentration, le déploiement des armées mobiles sur chaque théâtre de la guerre, a lieu plus ou moins près des frontières; mais, avons-nous dit, il ne faut établir *aucune* grande place de dépôt d'armée sur les frontières.

Sur chaque théâtre d'opérations qui se trouve en communication ouverte avec la place centrale de l'État, la multiplicité *des voies de communication* est la préparation la plus importante pour tout déploiement; dans ce cas, il n'est pas besoin de camp retranché. Mais les conditions sont tout autres lorsque le théâtre de la guerre est séparé du reste du pays par des obstacles naturels, qui entravent et empêchent l'arrivée directe des renforts de la place centrale. Dans ce cas, de chaque côté de l'obstacle, il faut une place de rassemblement, autant que possible appuyée à cet obstacle, et à laquelle incombe en gros entièrement le rôle que toute fortification doit remplir *devant* un défilé : *assurer le débouché.*

Le rôle de *Vérone*, dans les guerres de l'Autriche contre l'Italie, est le type de *ces camps retranchés indispensables pour la conduite des opérations sur des théâtres de guerre séparés par des obstacles naturels.*

Le camp retranché de *Bologne* est à appelé à jouer le même rôle au pied des Apennins, en cas d'une guerre entre l'Italie et son voisin du Nord.

Une deuxième base qui doit servir de *but* à l'établissement d'un grand camp retranché, c'est lorsque la place centrale est trop éloignée du théâtre des opérations ou qu'elle en est séparée par un obstacle présenté par le terrain. Le choix du meilleur emplacement pour ce genre de place est la question qui se pose immédiatement. Ce choix, qui dépend dans chaque cas particulier des conditions locales, est pourtant lié, en principe, à certaines prescriptions, qui forcent à l'examen le plus minutieux et le plus prévoyant.

Nous passons ici la parole à un savant officier de l'armée italienne, qui est le partisan le plus convaincu et le plus sérieux de la construction du camp retranché de *Bologne* comme place centrale du théâtre des opérations dans la haute Italie ; pourtant personne n'osera compter pour cela le général *Araldi* parmi les principaux *adversaires* des camps retranchés, quoique nous puissions le citer ici à bon droit comme un auxiliaire de poids dans la lutte que nous soutenons contre le courant ascendant qui voudrait arriver à faire un camp retranché de chaque point de manœuvre fortifié.

« Ici, dit le général *Araldi* dans un de ses plus récents écrits (1), nous sommes arrivés, par la suite naturelle des idées et conclusions, aux *camps retranchés*, qui sont aujourd'hui plus *en vogue* que jamais dans les cercles militaires, et qui peuvent être considérés comme le système unique, à préférer à tous les autres, aussi bien à cause de la grande étendue de terrain qu'ils enferment que du grand nombre de troupes qui peuvent y trouver instantanément une protection assurée, ainsi que des contre-opérations offensives et d'une nouvelle entrée en campagne que l'on peut tenter su une vaste échelle à l'aide de ces places de refuge. L'importance d'un camp retranché est assurément d'autant plus considérable que son étendue est plus vaste, et par conséquent

(1) *I campi trincerati e le regioni fortificati*, di Antonio Araldi, maggiore generale. *Rivista militare*, 1876, page 203.

la force de l'armée qui vient s'y refaire est d'autant plu grande.

« L'attaque directe des ouvrages extérieurs d'un grand camp retranché ou d'un certain nombre de ces ouvrages est donc une opération très-difficile et excessivement meurtrière pour l'assaillant, parce que ses travaux d'approche sont exposés aux nombreuses sorties qui seront entreprises de jour et de nuit, avec des forces considérables, et que le succès obtenu par le sacrifice de plusieurs semaines peut être perdu en quelques heures.

« Etant admis une égale énergie dans l'attaque et dans la défense, ainsi qu'une force de résistance suffisante des ouvrages, avec un armement satisfaisant, l'avantage d'un feu extérieur enveloppant peut presque être neutralisé ou complétement supprimé par des sorties nocturnes audacieuses et puissantes, que la garnison nombreuse peut exécuter sous la protection des pièces de la place et dans la limite de leur portée, pour détruire les travaux d'approche. La garnison, grâce à sa force, peut aussi employer à cet effet des travaux de contre-approche, qu'elle exécute en avant et sur les côtés des ouvrages.

« Les obstacles multiples, les dispositions défensives nouvelles et successives qu'un défenseur énergique et prévoyant ne manquera pas d'opposer de proche en proche aux progrès de l'attaque, peuvent rendre la marche en avant de l'assiégeant si pénible et si meurtrière, que tout me porte à croire qu'il est de beaucoup préférable de bloquer la place en établissant une ligne d'investissement au delà de la portée des pièces du camp retranché.

« Et, hors le cas où un camp retranché empêche fatalement l'adversaire de pénétrer dans l'intérieur du pays (comme le Danewerke, dans la guerre du Schleswig-Holstein), je crois que neuf fois sur dix l'assiégeant préférera tenir bloqué le camp retranché par une ligne d'investissement occupée par un nombre de troupes jusqu'à un certain point supérieur à la garnison, et pénétrer ensuite dans l'intérieur du pays avec le reste de ses forces.

« Dans tous les cas (excepté celui que nous venons de mentionner, où il est impossible de passer), il est clair que l'ennemi cernera le camp retranché et s'établira avec le gros de ses forces sur les lignes de communication du camp avec l'intérieur du pays, et rendra la levée du blocus complétement dépendante des opérations, que l'on ne connaîtra même pas dans la place (1), et auxquelles, par suite, la garnison ne sera que très-difficilement en état de collaborer avec espoir de succès. Les propriétés particulières du camp retranché, surtout lorsque celui-ci est placé à cheval sur un cours d'eau important, ou appuyé à un obstacle naturel sérieux, qui rendent plus difficile l'investissement d'un ou de plusieurs côtés, ces propriétés pourront augmenter considérablement pour l'assiégeant les difficultés d'un blocus complet, et même dans certain cas le rendre impossible.

« Mais lorsque (et l'on peut admettre que c'est généralement le cas normal) le camp retranché est placé au milieu du théâtre de la guerre, sans être entouré d'obstacles d'aucun côté, et que son périmètre extérieur se maintient dans les limites habituelles de 40 à 100 kilomètres, il est clair que son investissement et son blocus sont possibles aux armées actuelles, ainsi que le prouvent les siéges de Metz et de Paris pour les armées prussiennes.

« Lorsque l'ennemi s'est établi sur les lignes de communication du camp avec l'intérieur du pays et a employé pour bloquer ce camp un nombre de troupes jusqu'à un certain point supérieur à celui de la garnison, il lui reste

(1) On espère actuellement, au moyen de la télégraphie optique et des pigeons voyageurs, remédier à cet inconvénient.
(*Note du traducteur.*)

encore toujours la supériorité, ou au moins l'égalité du nombre avec les troupes de la défense qui lui sont opposées, mais avec cette différence essentielle que les *meilleures troupes* de la défense sont immobilisées dans le camp retranché et sont en partie tenues en respect par *les troupes de la réserve* de l'adversaire, tandis que celui-ci, en dehors de ce point, ne trouve plus devant lui, en rase campagne, que des troupes provenant en grande partie des dernières levées faites dans le pays envahi.

« Il en résulte que les tentatives que peut entreprendre le reste de l'armée de défense pour faire lever le siége doivent forcément échouer. Mais alors, en admettant cette éventualité et cette situation, en quoi consistent donc effectivement les services que le grand camp retranché isolé a rendus à son propre pays ? Simplement en ce que, à partir du commencement de la guerre défensive, une partie considérable des meilleures troupes de première ligne de la défense sont immobilisées, avec la seule éventualité de maintenir en respect un nombre encore plus grand de troupes ennemies, qui toutefois ne consistent en grande partie qu'en troupes de deuxième ligne.

« Et si les tentatives de délivrance faites en campagne par le défenseur, tentatives qui sont rendues beaucoup plus difficiles par le manque de ce noyau puissant de bonnes troupes, ne réussissent pas à repousser l'adversaire et à faire lever le siége du camp retranché avant que les approvisionnements qui y sont rassemblés soient épuisés, il ne restera à la fin pas d'autre ressource à ce camp qu'à rendre prisonnière en une seule fois une force militaire importante et précieuse par la qualité des troupes, et ce résultat arrivera d'autant plus rapidement que cette force aura été plus considérable (1). Il en

(1) L'exemple de Metz et de Paris, dans la dernière guerre, vient corroborer cette conclusion de l'auteur. Mais les conditions des garnisons et des armées renfermées dans ces camps retranchés n'étaient pas

résulte ainsi une combinaison assez facile à réaliser, par laquelle un camp retranché isolé peut finir par être un piége dans lequel une partie considérable de l'armée de défense viendra se faire prendre.

« Si au contraire, pour éviter ce danger, l'armée de défense ne se retire pas dans un camp retranché isolé, mais qu'elle ne se serve de ce camp que comme point d'appui pour une des ailes ou pour son centre, et que ses opérations étant entravées par la supériorité de l'ennemi, cette armée se replie sur sa base intérieure, en ne laissant dans le camp que la garnison strictement nécessaire pour sa défense, le malheur serait évidemment moindre; mais le but pour lequel le camp retranché a été construit dans l'intérêt de la défense du pays n'est pas atteint.

« *Donc, le but principal d'un camp retranché est et doit être* de servir de *réduit* général ou partiel à la défense, dans lequel réduit l'armée nationale soit en mesure de résister longtemps à des forces supérieures, pour donner à la nation *le temps* de préparer et d'organiser de nouvelles forces qui, opérant de concert avec l'armée retirée dans le camp, puissent amener la défaite et l'expulsion de l'assaillant. Mais si le camp retranché n'est défendu que par la garnison stricte-

normales. Sans être partisan absolu des camps retranchés, on peut admettre qu'une armée peut encore avoir une certaine valeur, même après avoir été battue, et que, convenablement refaite et énergiquement commandée, il n'est pas impossible à une armée assez nombreuse de rompre la ligne d'investissement pour tenir de nouveau la campagne. D'un autre côté, le général Araldi se trompe lorsqu'il admet que les défenseurs des camps retranchés seront exclusivement composés d'anciens soldats, tandis que les armées de secours seraient formées de troupes de nouvelle levées. La majeure partie des défenseurs des camps retranchés seront, au contraire, des soldats de l'armée territoriale, et les armées de deuxième ligne seront bel et bien de bonnes troupes régulières qui, par suite de l'affaiblissement de l'armée envahissante, obligée de se dégarnir pour assiéger le camp retranché, seront en mesure de livrer bataille avec quelque avantage et, en cas de succès, de faire lever le siége. (*Note du traducteur.*)

ment indispensable, la plus grande partie des difficultés de l'attaque disparaît aussi en limitant la force de cette garnison, *et la prise du camp retranché sera relativement beaucoup plus facile que celle d'une place ordinaire.*

« A mon avis, il paraît d'une évidence incontestable qu'il est plus nuisible qu'utile de défendre les *camps retranchés isolés*, c'est-à-dire ceux qui ne se trouvent pas *en communication* pour ainsi dire forcée avec la *base principale de défense* d'un pays étendu.

« En effet, lorsque l'armée défensive (ou une partie importante quelconque de cette armée) vient se réfugier dans un camp retranché isolé, elle est exposée au danger d'être obligée de se rendre par la famine, et ce danger est d'autant plus imminent que la garnison est plus nombreuse ; ou bien si, après avoir exécuté les opérations auxquelles le camp retranché sert de pivot, elle se retire et laisse le soin de la défense de ce dernier à la garnison normale, cette place tombera entre les mains de l'ennemi, et cela d'autant plus facilement que son périmètre extérieur sera plus grand.

« Par conséquent, pour qu'un camp retranché puisse concourir utilement à la défense d'un grand pays, il doit avant tout satisfaire à la condition indispensable d'être relié de la manière la plus solide avec une des bases principales de la défense, et cela de telle manière qu'il soit impossible à l'adversaire de se glisser entre le camp et cette base.

« Toutefois, pour être en mesure de prolonger sa résistance, le camp retranché devra par conséquent recevoir de la base les ravitaillements nécessaires en munitions et en vivres, ainsi que les renforts et les renseignements indispensables pour que l'armée qui y est rassemblée puisse opérer de concert avec les autres armées que le pays est en mesure envoyer d'autres points, en vue de reprendre l'offensive et repousser l'adversaire.

« En se reportant aux divers exemples donnés pour expliquer et appliquer ces principes aux questions traitées, je crois avoir suffisamment prouvé *le principe général qu'un grand camp retranché ne peut servir de place de refuge et convenir pour une résistance acharnée et couronnée de succès, à une armée de défense* (ou une partie considérable de cette armée), *que lorsque ce camp est effectivement et forcément en communication avec la base principale de la défense.* »

Le savant auteur de cette intéressante étude, à laquelle nous avons emprunté la citation précédente, continue, dans ses développements ultérieurs, à traiter un sujet très-important pour la nouvelle défense du pays, c'est celui de *la région fortifiée*, c'est-à-dire l'utilisation de toutes les propriétés géographiques, orographiques et hydrographiques *de toute une région*, de manière à donner à cette région le plus haut degré de résistance avec le moins d'aide du terrain. L'examen approfondi de ce thème devra, d'après notre intime conviction, entrer à l'avenir de plus en plus en ligne de compte dans les études militaires. Dans l'exposition de cette thèse, le général Araldi se rapproche, sous plus d'un rapport, des aperçus d'un de nos auteurs les plus éminents dans les sciences militaires, le feldzeugmeister von *Hauslab*, qui depuis de longues années préconise ce qu'il appelle les *fortifications naturelles*, qui tiennent une place de premier ordre dans ses études excessivement variées (sans que, à notre connaissance du moins, il en ait rien été publié). Nous signalons ici ce rapprochement : 1° parce que la valeur propre d'une idée ne manque pas d'acquérir un certain poids lorsque deux hommes compétents, complétement indépendants l'un de l'autre, arrivent aux mêmes conclusions ou à des conclusions analogues ; 2° parce qu'il paraît très-utile pour cette idée et, comme nous l'avons dit, pour l'avenir des études fructueuses, que ces conclusions aient été amenées par le travail des idées de deux chercheurs de cette valeur.

Mais à ce propos nous nous éloignerions trop de notre thème restreint, si nous voulions nous livrer à une discussion approfondie de cette question.

Nous avons appris du général Araldi la condition essentielle d'un camp retranché réellement digne de ce nom : « Il ne doit pas pouvoir être cerné. »

On cherche à assurer cette propriété à la grande place centrale, ainsi qu'on le fait actuellement pour Paris, en organisant les ouvrages par groupes et en donnant ainsi au périmètre une extension exagérée, ce qui conduit aussi à des conditions tactiques qui opposeront à un investissement des difficultés beaucoup plus grandes que si l'investissement se trouvait en présence d'une ceinture dont les ouvrages seraient répartis uniformément. Mais pour le grand camp nécessaire comme place de rassemblement sur les théâtres de guerre isolés, on ne peut admettre qu'un emplacement qui, s'appuyant à un grand obstacle naturel, se trouve en mesure de maintenir le plus longtemps possible ses communications avec l'intérieur du pays.

Peut-être cependant est-il possible de se soustraire à cette condition incommode. Le général Araldi ne parle expressément que du but que doit remplir le camp retranché, de permettre à l'armée qui s'y est réfugiée de résister jusqu'à ce que le pays ait pu lever une armée de secours; il passe complétement sous silence le fait de ces opérations du moment, auxquelles généralement beaucoup de camps retranchés doivent servir, telles que permettre un repos temporaire à une armée fatiguée ou battue, pour reprendre l'offensive après qu'elle s'est refaite et renforcée, ainsi que l'enseigne tout traité élémentaire de stratégie moderne.

Le savant ingénieur italien sait bien ce qu'on peut attendre de ces manœuvres, et nous sommes complétement de son avis. Les conditions dans lesquelles se trouve une armée en déroute sont déplorables, les besoins auxquels il faut satisfaire sont considérables. Il ne faut pas songer à rassembler d'avance des approvisionnements aussi importants dans *plusieurs places* d'un théâtre d'opérations, de manière que l'armée retirée dans l'une d'elles puisse se réorganiser dans la place même, alors que celle-ci est coupée par l'ennemi de toute communication avec l'intérieur du pays. Mais si ces approvisionnements sont accumulés dans *un* des camps retranchés qui se trouvent sur le théâtre de la guerre, et non dans un autre, l'influence que ce fait exerce sur les opérations est fatale, et l'on ne manquera pas d'éviter les autres places, qui n'ont pas de vivres et qui, par suite seront sans utilité.

A plus forte raison, *une partie* d'armée retirée dans un de ces camps ne peut-elle, du moins en peu de temps, se refaire à l'aide des approvisionnements de la place même : en tout cas, ce ne sera qu'au détriment de la durée de la défense de la place.

Enfin, pour compléter la troupe à réorganiser, lorsque les communications de la place sont coupées, il faut inévitablement se borner aux mesures très-défectueuses employées dans les temps passés, c'est-à-dire relever les troupes fraîches constituant la garnison de la place par les troupes les plus épuisées, et emmener les premières pour reprendre la campagne. C'est là aussi naturellement une mesure qui a une influence incalculable sur la résistance de la place, d'autant plus qu'aujourd'hui ce moyen, avec l'effectif des armées actuelles, n'est pas aussi efficace qu'autrefois. La réorganisation effective et fondamentale des armées battues ne nous paraît, par suite, absolument possible que dans une place où les communications avec l'intérieur du pays restent libres, ou tout au moins peuvent être conservées ouvertes pendant un certain temps après la réception de l'armée, pour être en mesure de pourvoir aux besoins de première nécessité.

La réorganisation doit avoir naturellement pour but le plus immédiat de reprendre l'offensive.

Nous arrivons maintenant à la discussion du dernier des points d'interrogation qui nous restent à examiner, sur l'opportunité de faire un camp retranché de chaque place de soutien, d'arrêt ou de dépôt.

Lorsque les troupes réfugiées dans un camp retranché ont besoin, pour se refaire, de plus d'une semaine, après que l'ennemi a achevé d'établir la ligne d'investissement, celle-ci peut déjà être fortifiée à un point tel que tout combat pour la percer, combat qui doit être exécuté par une attaque de front, ne pourra que très-difficilement être couronné de succès, s'il n'échoue pas. Nous ne prétendons pas que l'exemple de Metz et de Paris doive être considéré comme décisif pour l'avenir, et nous sommes persuadé que les guerres futures ne manqueront pas de présenter des exemples aussi brillants de percée de la ligne d'investissement qu'ils ont été différents dans les dernières campagnes. Mais nous ne devons pas oublier que les armes actuelles opposent à une attaque de front d'une position fortifiée un effet si meurtrier, que toute reprise de l'offensive, après l'établissement d'une ligne d'investissement fortifiée, doit être comptée au nombre des opérations les plus difficiles et les plus sanglantes.

Nous devons par conséquent nous mettre en garde contre l'hypothèse sur laquelle on compte beaucoup trop « d'un corps d'armée qui reprend l'offensive après s'être refait. »

Mais si l'adversaire ne parvient pas à fortifier sa ligne d'investissement, l'opération a naturellement de grandes chances de succès. Cette éventualité ne peut se présenter que lorsque l'armée battue n'a besoin que de très-peu de temps pour se refaire, et pour ce délai très-restreint, il suffit qu'il existe entre elle et l'ennemi un grand obstacle, comme, par exemple, un cours d'eau, ou que l'adversaire soit forcé à faire un détour si on lui barre le chemin direct.

C'est-à-dire que la tête de pont, etc., devra toujours être en mesure d'assurer à l'armée un repos de quelques jours. Mais il n'est pas besoin pour cela de l'établissement d'un camp retranché. On pourrait, il est vrai, objecter que le repos et le rétablissement de l'armée réfugiée dans un camp retranché offre plus de sécurité. Il est certain que l'inquiétude que peut causer l'ennemi est très-faible lorsque l'armée se trouve dans un camp retranché, qui maintient en respect les masses de l'ennemi, au lieu d'être derrière une place de second rang ou derrière un fleuve qu'on a traversé; mais d'habitude il est plus nuisible, pour une une armée, de se refaire, de se réfugier dans un camp retranché, que de rester en rase campagne, lorsque le camp que l'on choisit enferme une grande ville.

D'ailleurs, en aucune façon, les frais et les inconvénients de l'établissement des grands camps retranchés (aux endroits où des places de second ordre pourraient suffire) ne peuvent se justifier par les mesquines considérations qui viennent d'être exposées.

Il résulte de ces diverses réflexions qu'une grande prudence nous paraît imposée au point de vue de l'emploi général du type dominant; aussi peu nous partageons l'avis de ceux qui, d'après le sort de Metz, veulent voir dans les places fortes la perte et le malheur des armées, aussi peu nous voulons déduire de la guerre de 1870-1871 la conclusion que le rôle des places de second ordre est passé, et qu'on ne peut les mettre en état de se défendre qu'en les transformant en camps retranchés.

La modernisation des ouvrages des places, en soustrayant leurs maçonneries à l'effet du tir en brèche, en organisant dans la place des abris à l'épreuve pour toute la garnison, en procurant à la place un armement convenable, enfin, en occupant les points les plus exposés de l'enceinte, considérés autrefois comme inoffensifs, par de petits ouvrages que le plus fort bombardement ne puisse réduire, tels sont les moyens qui nous paraissent aujourd'hui même permettre aux anciennes petites places de se défendre avec acharnement. On sera obligé de faire occuper par les ouvrages les positions situées bien au delà du point que l'on veut conserver pour arriver à assurer la sécurité des objets qui peuvent être détruits ; les grandes places de dépôts et les grandes têtes de pont comportent déjà par conséquent un développement considérable ; mais ce développement reste encore bien loin de ce qu'exigerait un camp retranché. Les ouvrages isolés des forteresses dont il est ici question, ainsi que les forts d'arrêt isolés, doivent toujours être disposés pour un minimum de garnison, parce qu'alors ils peuvent être *mieux armés et plus complétement mis à l'abri de l'escalade.*

Au contraire, dans un camp retranché réel, qui, comme place de rassemblement ou comme place centrale, n'est jamais menacé d'une attaque sans avoir reçu un complément de troupes, il faut employer, comme points d'appui, *des ouvrages* isolés très-forts, entre lesquels on exécute aussi de légers retranchements, derrière lesquels se tiennent des troupes qui *ne puissent pas être forcées.*

En récapitulant ces indications, on arrive à conclure que quelques forts d'arrêt, peu de places de second rang et un grand camp retranché au plus, sont nécessaires pour un seul théâtre d'opérations. Le degré de résistance active de ce camp permet de négliger un peu les moyens passifs ; le peu de force des petites places et des forts d'arrêt impose au contraire l'emploi d'un degré élevé de résistance passive.

Nous savons bien que de cette manière on n'arrivera pas à créer une fortification grandiose, mais une fortification *exécutable ;* tandis qu'on peut regarder comme inexécutable tout système qui propose de créer plusieurs camps retranchés sur chaque théâtre d'opérations, et de renforcer chaque ancienne place en la transformant en camp retranché.

On est presque complétement revenu en général, dans le plan de la défense du pays, de ce système de manœuvres qui, tantôt ici, tantôt là, croit pouvoir retirer du jeu une partie de l'armée ou l'armée entière, pour lui faire reprendre la campagne peu après avec une plus grande valeur.

C'est là une idée fort séduisante pour un commandant d'armée dont les opérations ne sont pas couronnées de succès, de pouvoir compter toujours, après un échec, trouver pour son armée battue un refuge dans une forteresse du voisinage, et reprendre la campagne au bout d'un temps très-court, consacré à refaire et à réorganiser les troupes.

Le nouveau système de fortification de la France nous paraît basé en partie sur cette idée trompeuse : dans n'importe quelle direction que l'armée soit obligée de défendre les frontières, elle peut s'appuyer elle-même ou appuyer ses ailes sur des camps retranchés.

En examinant la chose sans parti pris, il nous semble que ce système n'est pas autre chose que l'ancien système français de cordon traduit dans le style moderne. Au lieu de petites places, nous voyons de grands camps retranchés; au lieu d'une distance de 20 kilomètres entre elles, nous trouvons une distance beaucoup plus considérable; mais, en résumé, les places et les distances se sont simplement accrues dans les mêmes proportions que les anciennes petites armées, par rapport aux grandes armées de nos jours. Nous pouvons nous tromper, pourtant il nous semble que c'est toujours l'ancien jeu d'échec, mais avec des cases et des figures agrandies.

Les services que ce réseau de camps retranchés est appelé à rendre ne répondront pas, à notre avis, aux espérances qu'on y fonde.

Toute forteresse est capable d'une énergique résistance lorsque l'harmonie des ressources s'y trouve à peu près atteinte. Actuellement les petits ouvrages que l'on dédaigne, s'ils étaient construits solidement, bien armés, bien couverts (1), rempliraient encore à l'avenir le monde d'étonnement par leur résistance héroïque et de longue durée tandis que les grandes places, dans lesquelles le but à remplir en principe contraste d'une manière si frappante avec la situation défensive réelle, ne feront jamais la résistance qu'on en attend.

Le rôle des grands camps retranchés, qui ne sont pas d'une nécessité indispensable pour la conduite des opérations, mais qui ne sont destinés qu'à être utilisés dans certaines éventualités, nous paraît, pour parler comme le colonel Denfert, dépasser la mission qui incombait jusqu'à présent à la fortification,

Notre avis formel et motivé est que l'adoption du système des grands camps retranchés pour toutes les places fortes nous semble une méprise de la période de transition que traverse la science, et non le vrai type d'une époque d'art bien arrêtée.

(1) Il faut ajouter : et bien défendus. *(Note du trad.)*

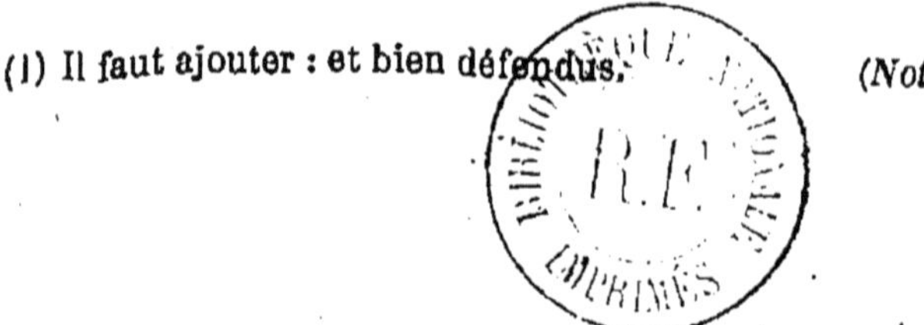

1030 — Paris. Imp. LALOUX fils et GUILLOT, 7, rue des Canettes.

www.ingramcontent.com/pod-product-compliance
Ingram Content Group UK Ltd.
Pitfield, Milton Keynes, MK11 3LW, UK
UKHW020352220726
13923UKWH00004B/1612